„So kurz is a Joahr"

Heitere Lyrik
in
Wiener Mundart

von
G.Mondschein

Impressum:

Inhalt: Gerhard MONDSCHEIN, A-1190 Wien

Herstellung: Libri, Books on Demand

Erschienen im Eigenverlag, 2000

ISBN- Nr.: 3 – 8311 – 0836 - 6

Dieses Buch ist meiner Frau Silvia und unseren Kindern
Sabine und Evelyn gewidmet.

Mein besonderer Dank
gilt Andreas Schnabl und Andreas Grieszbach für
technische Hilfe, sowie Doris Grieszbach für die
freundliche Organisation von Lesungen.

INHALT

VORWORT

Liebe Leserin, Lieber Leser!

„So kurz is a Joahr", das ist der Titel des Büchleins, in dem Sie gerade zuschmökern beginnen.
Vielleicht sind Sie aber auch gar nicht der Meinung, daß ein Jahr kurz sei.
So manches Jahr mag sich schon gezogen haben wie der so oft zitierte „Strudelteig"; aber sicher wird es auch Zeiten gegeben haben, in denen ein Jahr scheinbar zu ein paar Wochen geschrumpft ist, so abwechslungsreich war es.
Die folgenden Gedichte sind thematisch auf den Jahresablauf abgestimmt, und sollen Ihnen zu jeder Jahreszeit etwas Heiterkeit vermitteln.
Wenn Ihnen bei der Lektüre dieses Buches die Stunden wie Minuten erscheinen, dann ist der o.e. Effekt eingetreten, und meine Mission ist erfüllt!
In diesem Sinne: viel Freude mit meinem „Erstling",

Ihr

GerhardMondschein

FRÜHLING

Jedermann waß,
wie sehr i auf die Mad´ln steh´.
Der zoate Frühlingswind
waht eahna d´ Klad´ln in d´Höh.
Meine Aug´n werd´n immer größer,
wanns´ so sitzen auf der Bank,
meine Frau gibt mir an Stesser,
doch des hilft net sehr lang !

Mei Dackel, der Waldi,
is a Prachtexemplar,
wann im Frühling er ausreißt,
wird er jed´smal Papa !
Mei Nachbarin schimpft zwar –
auf ihr Weiberl paßts´ auf –
aber jed´smal im Frühjahr
hupft der Waldi hinten drauf !

Tiaf drinnen im Wald
is a heilige Ruah.
Sitzen zwa eng umschlungen,
nur der Frühling schaut zua.
Sie sagt zu eahm: "Franzi,
heute bist aber guat !"
Dann schaut sie genau hin:
„Ahso, du bist ja der Kurt !"

Jede Biene suacht a Bleamal,
jeder Stier suacht a Kuah,
is der Frühling im Lande,
is von Keuschheit ka Spur.
Wia der Hahn und die Henna
gengan aus sich heraus
a die Frau´n und die Männer,
wäu sunst sterbatns´ aus !

Wenn es in der Natur draußen zu grünen und blühen beginnt, treffen viele junge Paare die Entscheidung vor der Scheidung:
sie heiraten!

DAS BRAUTPAAR

Der Bräutigam, voll Euphorie,
packt seine Braut unter die Knie,
tragts´ über´n Staffel –
auf Deutsch haßt des Schwelle,
und zagt im Vorraum auf a Stelle:

„Genau do – neb´n der Gard´rob,
stengan ab heut´ meine Schlapfen,
ansonst werd´ i grob !
Und des gilt, jetzt schau net so bled –
ausnahmslos täglich, ob i do bin, oder net !"

Als nächstes is die Kuchl dran.
Er tragt sie hin und sagt sodann:
„An jedem Tag der Woch´n
wirst da herin´ mei Essen koch´n !
Und des schee mager, ja net z´ fett,
egal, ob i do bin, oder net !"

Auf das hinauf wird sie aktiv
und schleppt eahm mit an festen Griff
ins Schlafgemach und sagt:
„I waaß net, ob es dir behagt,
doch gibt´s was, das du wissen mußt:
I frön´ ab heut´ der Liebeslust
an jedem Tag in diesem Bett –
egal, ob du do bist, oder net !"

Aber wie die Statistik beweist, ist auch die beste Ehe nicht vor dunklen Wolken am Horizont gefeit:

EHELICHE IDYLLE

"Hearst, Karli, sog, wos is der Grund
für dein ang´schwollenen Mund ?
Und a des Aug´, des schillert blau;
hast´ diskutiert mit deiner Frau ?"

"So is´, mein Freund, richtig getippt,
waßt eh, daß´ oiwäu Bres´ln gibt,
wann i mi nach ana Wirtshaustour
hoit zwa, drei Stund´ verspäten tua !

A Wort gibt des andere, wie´s eben so is,
i sag ihr die Meinung, sie ziagt a bled´s Gfriß,
dann schiaßts´ herum mit allerhand,
der schönste Streit is glei beinand." -

"Versteh mi net falsch, mi geht´s ja nix au,
aber is des das Wahre, a Rambo als Frau ?"-

"Um Gottes Will´n, wo denkst denn hi,
mei Weiberl, des vergreift sich nie
und nimmermehr an mir, -
i wollt´ nur eine bei der Tür,
zur Versöhnung wollt´ i ihr a Busserl geb´n,
vergiss dabei, mei Fusserl z´heb´n,
und kann mi nimmermehr derhapp´n,
fliag über´n Staffel und lieg auf der Papp´n !

Na, na, mei Frau is zwar zu vü imstand,
wanns´ haß is, z´reißts´ sogar mei G´wand,
sie schneid´t mir die Krawatt´n o,
schütt´ mir die Supp´n aufs Sakko,
tuat nörgeln, spotten, ätzen,
und führt sich auf, wie eine Krätz´n,
nur ans, und dafür lieb ich sie, -
hau´n tät´ mich mein Weiberl nie !"

Möglicherweise liegt die Ursache vieler Beziehungsprobleme im unterschiedlichen Rollenverständnis, besonders, was uns Männer anbelangt:

MÄNNLICHKEIT

Je nachdem, wie er sich fühlt,
is ein Mann meistens bemüht,
seiner Umwelt zu erklär´n,
wens´ vor sich hat, - nämlich an Herrn !

Denn, is a Mann nämlich net männlich,
dann is er einem Kasperl ähnlich,
und wann er net den Starken spüt,
mutiert er zu an Abziehbüd.
Damit er das verhindern kann,
hat jeder seinen eig´nen Plan:

Der ane glaubt, durch vü Promille
verstärkt sich noch ein starker Wille,
der and´re denkt sich, wann er fett is,
daß er a Zauberer im Bett is.

A dritter is der festen Meinung,
nur mit vü Göd bist´ a Erscheinung,
und vüle glaub´n, ein Mann zu sein
durch Brust heraus, und Bauch hinein.
Und a mit der Papp´n,
wie´s die meisten versuchen,
kann man nur teilweis´ Erfolge verbuchen !

Jedoch des blede an der G´schicht:
Die Frau´n bemerken sowas nicht !
Wir werd´n das nie im Leb´n durchschau´n,
was´ wirklich woll´n, die schönen Frau´n !

I kenn´ an Kollegen mit so ana Nas´n -
was tuat er ? - er schleppt die herrlichsten Has´n !
I selber - ma sichts - hob an Bauch und a Glatz´n
und trotzdem begehr´n mich oft reizende Katz´n,
währenddessen a and´rer, betucht und beringt,
sei hoibertes Leb´n als Single verbringt !

Ob schee oder schiach, ob arm oder reich,
die Chancen bei d´ Weiber san überall gleich.
Ob ma g´scheit oder bled is, ob guat oder mies,
am besten man gibt sich a so, wie ma is !

Die Begriffe „Rollenverständnis" und „Rollenverhalten" sind aus dem heutigen Sprachgebrauch nicht mehr wegzudenken. Doch nicht für jeden Mann ist es so einfach, im Leben auch einmal eine andere Rolle zu spielen:

KOCHKÜNSTE

I kenn´ als Mann a paar Kollegen,
die sich schnell davonbewegen,
wann in der Kuchl was zu tuan is,
weil man für sowas net gebur´n is.

Essen ja, des tans´ schon gern,
und trinken, Jessas, noch viel lieber,
aber vom Kochen wollns´ nix hearn,
do kriagns´ auf amoi Fieber!

Zwa Linke soll i haum,
sagt die Meinige zu mir,
wie i vorgestern im Küchenraum
a Eierspeis´ probier´!

Zehn Eier an der Zahl
vom Biobauern, erste Wahl,
hab i dazua verwendet,
siebane san auf der Erd´ verendet,
so warns´ am Schluß nur mehr zu dritt –
i find´, des is a guater Schnitt!

Wü i an Imbiß, ganz an schnell´n,
koch´ i in der Mikrowell´n.
G´schirrl eine, Türl zua,
a hoibe Stund´ is sicher gnua.
I gfrei mi schon auf mei Omlett,
und wird nix draus, is´ a ka Gfrett,
wäu dann denk i mir, was soll´s,
kriagt´s hoit der Hund, wäu der frißt ois!

Seit kurzem, wann i in die Kuchl geh,
und sei´s nur um a Häferl Tee,
bind´ i mir a Schürz´n um,
wäu i mir dann g´scheit vorkumm !

Die Arbeit geht dann zwar net schneller,
doch i wirk´ professioneller.
I beweg´ mich ganz ästhetisch,
hoit jeden Löffel wie an´ Fetisch,
wie eine Ballerina hoit –
bis der erste Teller foit!

Und bevor sie mich steinigt,
kummt mei Weiberl und reinigt
den Saustall – bevor der Schaden noch gröber –
schnappt sich mei Schürz´n – und kocht söba !

I muaß scho sag´n, daß mir des taugt,
wanns´ mi aus der Kuchl jaugt,
denn, hat a Frau ihr´n Gatten gern,
hoits´ eahm von der Kuchl fern !

Von einem besonders schillernden Exemplar der Spezies „Mann" erzählt das folgende Gedicht:

CASANOVA

Der Franz, a eleganter Knabe,
hat bei den Frau´n a so a Gabe.
Als Jungg´söll kann er es sich leisten,
zu kokettier´n, das g´fallt den meisten.
Und eahm g´fallt halt die Resonanz –
er is halt eitel, der Herr Franz !

In seinem Bett aus Mahagoni
lag schon Mathilde und die Vroni,
die Trixi, die Elisabeth,
wo jeder waß, die zier´n sich net.
Egal, obs´ jung san, oder oid,
das Bett vom Franz wird niemois koid !

Erst neulich, er war gut in Form,
wird eahm ums Herz auf amoi worm,
wie er auf der Straß´n geht
und eine Traumfrau dort erspäht :

A blondes Wunder, wie man´s selten sicht,
a Frau, die jedes Herz zerbricht,
a Vamp, könnt´ ma fast sagen, -
das Herz vom Franz klopft bis zum Kragen !

Doch er vertraut auf sei Erfahrung,
sein Ziel is eindeutig die Paarung,
und er verwend´t den oidn Schmäh :
„Gengans mit mir auf an´ Kaffee ?“

Die Dame zeigt sich net verdrossen
und wirkt a sonst recht aufgeschlossen.
Und so landet unser Paar
in ana klanen Cocktailbar.

Jetzt kommt der schwierigste Moment,
den unser Franz ja bestens kennt :
„Verzeih´ns´, wenn i die Frage stell,
i kenn´ da drüb´n a liab´s Hotel,
dort könnt´ ma weiterplaudern, wenn sie
woll´n,
wäu i muaß sag´n, daß sie mir gfall´n !"

Dabei druckt er sich zuwe
und grapscht nach ihrer Magengrube,
doch wie sei Hand noch weiter sinkt,
da merkt er, daß sie eahm belinkt :

Sie is ka „Sie", sie is a „Er",
was neb´n eahm sitzt, des is a Herr !
A Mann im G´wandl von an Weib
mit an verführerischen Leib
und alle Attribute, -
er hoit des nur sein G´müat zugute,
daß er eahm net ane druckt !
So wird der ärgste Zurn verschluckt
und unser Franz suacht schnell das Weite, -
von d´Weiber hat er gnua für heute !

Am wohlsten fühlt sich die angebliche „Krone der Schöpfung" wohl doch an ihrem angestammten Platz in der Gesellschaft.
Daher ist der schönste Beweis gedeihlicher zwischenmenschlicher Beziehungen immer noch ein süßes, schreiendes Bündel Mensch, welches allerdings nicht immer dazu angetan ist, ihm ein Gedicht zu widmen:

MEINE TOCHTER

Schon im Spital, nach der Geburt
wollt´ i am liabsten nimmer furt.
Du woarst so siaß, so liab und klaa,
und i woar stolz als dein Papa !

Z´erst war´n die Augerln meistens zua, -
ein Wunderwerk von der Natur.
Am Anfang hast´ no gar nix g´wußt,
außer dem Platz von Mutters Brust.

Und wiast´ dann ´trunken hast, so friedlich,
ham alle g´sagt: "Mei, is die niedlich !"
I hab a deine Fingerln ´zählt,
damit i waß, daß a kans fehlt !

Und g´rochen hast, was für ein Duft !
Doch manchmal is auch laut die Luft
aus deinem Bauch entwichen,
und deine Windel war gestrichen
voll, bis an den Rand,
doch selten hast du dabei g´want!

So richtig g´schrian hast net sehr oft,
doch wann, dann echt mit Leidenschoft.
Die Mama hat di zärtlich g´numma,
und du hast ausse´plärrt dein Kummer
bis in die große, weite Welt –
´s ham alle g´wußt, daß dir was fehlt.

Dann warst du so a armes Hascherl,
dein ganzes Glück, des war a Flascherl !
Na also – der Bauch is voll, die Windel leer,
was will ein kleiner Mensch noch mehr ?

Ja, ja, mein Schatz, es is soweit,
man sicht dir´s an, ´s is Schlafenszeit.
Ganz leise muaß i aussegeh´-
schlaf guat, mein Kind,
und tram´ recht sche !

Frühlingsgefühle hin, daraus resultierender Nachwuchs her- wenn uns gerade keine Dame aus der Fassung bringt und die lieben Kleinen ausnahmsweise einmal brav sind, läßt immerhin des Mannes Lieblingsspielzeug, das Auto- oder zumindest der Gedanke an seinen Erweb- das Herz höher schlagen:

DAS AUTO

Wann i a Auto hätt´, des miassat haum
an riesengroßen Kofferraum,
jedoch zum parken miaßat´s kla sein,
denn es fristet ja sein Dasein
die meiste Zeit neb´n der Latern´-
ganz ehrlich g´sagt, warat a Stern
vorn drauf a Traum von mir,
nur leider Gottes bin i stier !

Der Preis is allerweil a Thema,
nur wü i hoit ka Krax´n nehma.
I man, i tät eahm schon polier´n,
er soll ja Klasse demonstrier´n !
Und san die Raf´n ziemlich breit,
betont des mei Persönlichkeit !

A große Sorg´ natürlich auch
is heutzutag´ der Spritverbrauch.
Wäu is der Durscht vom Auto größer
als der von mir beim Gösser,
könnt´s sein, daß i die Freud´ verlier´ –
i man am Auto, net am Bier !

Doch a Geschwindigkeit und Kraft san wichtig,
wäu nimm i´n amoi her so richtig,
daß seine Auspuffkrümmung gliaht,
dann soll´s net haß´n, er is miad !

A Bus war´ g´scheit für meine Kinder,
doch war a Cabrio hoit gschwinder;
und meine Frau sitzert gern drin
in ana großen Limousin´.
Doch find hoit i nur wirklich schee
a echtes, klassisches Coupe !

Wahrscheinlich aber wird´s a Kombi werd´n, -
von mir aus hoit a ohne Stern;
den brauch´ i, wann i pfusch´n fahr´,
des werd´ i miass´n, zwaa, drei Jahr´;
wäu so derspar´ i mir daham Debatten
nur weg´n die bled´n Autoraten !

Wäu, tät i auf a Auto spar´n,
miassat i ewig Tramway fahr´n !

SUMMA

Hearst, Summa, schee warst, haaß und trocken.
Die ganze Zeit hab ohne Socken,
nur mit´n Hemd,
die Heurigen ich durchgekämmt !

So mancher Plausch mit meinem Schatzerl
auf einem netten Schattenplatzerl,
so mancher Spritzer no dazua,
wäu des derhoit dir den Hamur !

Die Hitz´ am Tag, daß d´Luft nur flimmert,
wann d´Sunn so durch die Blatt´ln schimmert
und die Wies´n is so saftig grün,
do könnt´ i mi als Kaiser fühl´n !

Hearst, Summa, schee warst, mein Respekt.
Glaub´, ohne di der Mensch verreckt.
Ohne die Wärme deiner Strahl´n
tät ma ganz jämmerlich verfall´n.
Nur Schnee und Kält´n, nie a Sunn,
des haut den stärksten Neger um !

Hearst, Summa, schee warst, schod´,
die Kinder war´n so gern im Bod,
wir Großen san im Freien g´sessen,
ham mit Genuß a Stöz´n ´gessen.
Und guat tan hat die warme Luft,
die Vogerln und der Blumenduft.

Mit´n Schifferl fahr´n, mit´n Ringelgspü,
im Summa unternimmt ma vü.
´s ziagt am hinaus in die Natur,
man spürt den Frieden und die Ruah !

Hearst, Summa, du waaßt eh,
in drei, vier Monat kummt der Schnee.
Des wird a G´frett, ma fliagt leicht nieder, -
hearst, Summa, bitte kumm bald wieder !

Sommer, Sonne, Urlaubsfreuden.
Lang hat man auf den heiß ersehnten Urlaub
hingearbeitet und es ist nur jedem zu wünschen,
daß ihm das folgende Szenario erspart bleibt:

PAPAGEI

Sitzt in an Flugzeug an der Bar
a Papagei und macht a G´schraa.
„Wo is mei Bier ? Bei siebzehn Sorten
muaß ma a Stund´ auf ane woat´n !"

Den Ober kümmert des net sehr,
drum tuat er so, als hört´ er schwer.
Der Papagei wird leicht nervös
und krächzt auf amoi ziemlich bös :
„Bist terrisch, Oida, oder blind,
i kriag a Seidel, oba g´schwind !"

Da denkt der Herr am Nebenhocker,
die Sitten san do schon recht locker.
Wahrscheinlich g´hört sich´s für an Fluggast,
daß man im Umgangston sich anpaßt.
Drum nimmt als Vorbild er den Papagei :
„Blada, a Viert´l, oba glei !"

Dem Ober reicht der Schabernack.
Er packt die zwaa bei eahnan G´nack,
hauts´ ausse bei der Flugzeugtür –
„Machts des, wo´s wollts, nur net bei mir !"

Und wia die zwaa do oweziag´n,
da schreit der Paberl „Kannst du fliag´n ?"-
„Na, kann i net, wie kummst do drauf ?"
Darauf der Paberl :
„Dann reiß die Gosch´n net so auf !"

Aber nicht alle zieht es im Sommer in die Ferne,
wo doch in der Heimat „König Fußball" regiert:

DER FUSSBALLFAN

I bin normalerweis´ kein Mann,
den man so leicht begeistern kann.
Drum findet man am Fußballplatz mich selten nur,
´s is regelrecht eine Tortur.

Die Leut´, wie s´drängen, rempeln, stess´n,
an Stadionbesuch, den kannst vergessen !
Is noch so wichtig a Partie,
am Platz kriag i Klaustrophobie !

Doch z´ Haus, beim Fernseh´n is´ kommod,
wäu ma do stets sein´ Sitzplatz hot.
Da gibt´s ka Match, das i net siech,
es is ja kloar, man bildet sich !

I trink beim Anpfiff schon a Bier,
und a mei Oide sitzt neb´n mir.
Sie nimmt sich meistens was zum stricken,
wäu sie versteht net vü vom kicken !

Doch ist das Match einmal in Gang,
verspür´ ich meistens einen Drang
nach etws Süßem, bitte sehr:
„Geh, Schatzi, schupfst´ mir Schnitten her !?“

Ich muß erwähnen, liebe Leut´,
die Unsrigen, die spielen heut´,
und meine ganze Leidenschaft
gehört der Fußball – Nationalmannschaft !

Da sich i, ana von die andern
tuat unser´n Tormann unterwandern,
scharf schiaßt er ein - a schiach´s Erlebnis -
0:1 is das Ergebnis!
Ob violett, grün-weiß oder kariert,
ich haß´ es, wann mei Team verliert !

Zum Glück kommt eh dann bald die Pause,
die nütze ich für eine Jause;
und is ein Werbeblock dazwischen,
geh i in der Gach´n p......n !

 Na alsdann !
`S geht schon wieder an.
Die trübe Stimmung is verflogen,
zwa Spieler ham sich umgezogen,
und jetzt, mit Herz und voller Kraft
wird vielleicht der Ausgleich g´schafft !

Die Burschen plagen sich als wia,
i nimm an Schluck von meinem Bier
und mach an Bissen von mein´ Brot –
`s liegt ana do, als wär´ er tot !

Foul! Elfer ! - jetzt is´s g´wiß -
wann des jetzt net der Ausgleich is !
Jawoll ! - 1:1 ! - des Büd zagt Streifen -
tu am Solettipackerl mich vergreifen -
aha, des Büd, es geht scho wieder -
erleichtert setze ich mich nieder !

Mei Frau hot in der Zwischenzeit
a Knäulerl Woll´ am Tisch verstreut.
„Sag, Bärli, wie lang spül´n die no?"
„Geduld, mein Schatz, des sichst dann scho !
Geh, hol mir lieber was zum trinken !"-
Die Schiedsrichter, des san doch Finken
Dreckige ! – das war doch eindeutig Abseits !
Der Ansager sicht´s a bereits. -
Na also, hab mir´s gleich gedacht, -
mei Frau hat mir a Stamperl ´bracht !

Doch das trink i erst, wann wir gewinnen, -
das Publikum is wie von Sinnen:
A Freistoß ! - Burscherl, kumm, druck oh !
Für was sitz i denn schließlich do !?
2:1 ! Jawoll ! Jetzt samma munter, -
voll Freud´ stürz i mein Stamperl runter !
Ach Gott, is des a herrlich´s G´fühl,
wann ma so teilnimmt an an´ Spül !

Des Stadion wird langsam laa,
mei Frau schoit´ um am Kommissar.
Der Heimweg wird beschwerlich werd´n
im Stau am ganzen Praterstern.
Doch mir macht das bei Gott nix aus,
wäu i, i bin ja schon zu Haus !

Zu ausgedehnten Spaziergängen mit der ganzen Familie lädt die Stadt selbst oder deren nähere Umgebung ein:

FRANZIS NOT

A schena Tog im letzten Sommer,
die Mama, der Papa, der Franz und die Oma
gengan spazier´n in Schönbrunn
und freu´n sich über d´ warme Sunn´.
Doch wias´ so gmüatlich promenier´n,
fangt der Franzi an, zu rebellier´n:

„Papa bitte, Papa, du,
Papa g´schwind, i muaß lulu !"-
„Na, dann gehst hoit gaach do hinten,
oid gnua waast ja schließlich schon.
Wirst eahm doch allane finden,
bist ja immerhin mein Sohn !"

„Naa, des mach i liaber net,
i mecht, daß d´ Oma mit mir geht !"-
„Jetzt sag amoi, du bleda Bua,
z´was brauchst die Oma do dazua ?"
Worauf der Franzi keck erwidert:
„Wäus´ beim hoit´n so sche zittert !"

Wer allerdings ungetrübtes Badevergnügen sucht, ist mit einem Besuch in einem der zahlreichen städtischen Bäder bestens beraten:

DER BADEMEISTER

Der Bodewaschl vom Sandleitenbod
hod mit die Leut´ sei liabe Not.
Wäu zuaschau´n, wia die Gschropp´n spritzen,
schrein´ und sich in d´ Papp´n hau´n,
da kannst net auf dein´ Stockerl sitzen
und Löcher in die Landschaft schau´n !

Erst gestern wieder, so geg´n Viere,
richt´ er an´ Buam die Wad´ln vire
und bringt eahm zu sein´ Vatern,
der soll eahm ordentlich vergattern !

„I hab´ ihr´n Buam erwischt
wie er grad ins Schwimmbad pischt !
A wann sie mich jetzt hassen,
er muaß sofort das Bad verlassen !

Wann jeder in das Becken wischerlt,
wo komm´ ma denn da hin ?“-
„Jetzt sans´ mir net bös´,
das macht doch ein jeder !“-
„Ja, aber net vom Trampolin !“

Wer weder in der Stadt noch in der weiten Ferne Erholung sucht, ist in der Heimat bestens aufgehoben.
Zum Beispiel im schönen Burgenland, wo die Menschen aber auch ihre großen und kleinen Alltagssorgen haben:

FERDINAND DER STIER

In einem Stall im Burgenland
da lebt ein Stier, der Ferdinand.
Der Bauer Sepp is sein Besitzer,
von kla auf schon a Geistesblitzer.
Er möcht´ gern bau´n und hot ka Göd, -
a Million is´, die eahm föhd !

Drum geht er in´ Stall zum Ferdinand
und tatschkerlt eahm mit seiner Hand :
"Bevor i mir a Göd ausborg´,
verkauf i di in d´ Steiermoark;
a Prachtstück, so wie du an´s bist
vergoldet seinen eig´nen Mist;
a Million is ka Problem,
mit Kußhand werd´n mir die die Steirer geb´n !"

Gesagt, getan -
der Sepp spannt an
und fährt mit seinem Ferdinand
ins schöne, grüne Steirerland !

Der Sepp hat niemals wen betrogen,
d´rum is der Handel schnell vollzogen
und er kehrt heim ins Burgenland, -
nur diesmal ohne Ferdinand !

Verkauft hat er sein´ besten Stier,
d´rum gönnt er sich amal ein Bier.
Beim Wirten sitzen seine besten Freund´
am Stammtisch brav vereint,
und nehmen eahm sogleich in d´ Mitten, -
er is ja jetzt reich, ganz unbestritten !

Voll Stolz umringens´ ihren Sohn,
er hat ja jetzt sei Million.
Nur ana legt die Stirn in Foit´n :
"Sog, host dei Göd in bar erhoit´n ?"
"Des net ... " - sagt der Sepp,
vor Freud´ überbrausend,-
" ... oba zwa Hend´ln hab´ i kriagt,
 um je Fünfhunderttausend !"

Wie (über -) lebenswichtig die wärmenden Strahlen der Sommersonne speziell in Phasen hektischer Betriebsamkeit sind, läßt sich auf der folgenden Seite nachlesen:

SUNN´

Sunn´, liabe Sunn´, wo bleibst du so lang ?
Ohne dei Wärme wird ma ängslich und bang.
Nur Nebel, Reg´n und Wolkentrümmer
am Horizont und net der klanste Schimmer,
der Zuversicht mir geben tät,
des Grau in Grau is ganz sche öd !

Ka G´müatlichkeit und ka Gaudee,
weg´n jedem klan´ Bröserl bist glei in der Höh´.
Man ist sich oft gar net so richtig bewußt:
die mangelnde Sunn´ is der Grund für den Frust !
Es freut di nix, nix willst du machen,
bedeutungslos san oft die herrlichsten Sachen.

Und was mir noch auffallt,
na des is erst schlimm:
a trauriger Anblick
san die Leut´ in der Bim.
A jeder schaut grantig und bös´ auf´n Boden,
a bissl a Sunn´ tät den meisten net schad´n !
In die Autos die Leut´ wirken zwar recht betucht,
doch trotzdem schauns´ drein,
als warns´ auf der Flucht !

Der Novak derhängt sich daham auf´m Klo,
der Meier daneb´n sticht sei Frau hoibert o,
und drüben in Meidling,
in der Tivoligass´n
hat a achz´gjahrig´s Mandl
sei Freundin derschoss´n !
Da hilft a´m ka Arzt und kane Injektionen,
die Sunn´ is das beste geg´n Depressionen !

Mi wundert des net,
 wenn der Verdacht sich verdichtet:
a Mensch ohne Sunn´,
 der is unterbelichtet !

HERBST

Herbst, du größter Maler aller Zeiten,
tuast uns am Winter vorbereiten.
Reißt von die Bam die Blatt´ln obe,
raubst der Natur ihr Garderobe
und packst damit die Erd´n ein,
damit ihr warm is, sollt´ es schnei´n !

Kastanienbam, loß olles fall´n,
was uns´re Kinder sammeln woll´n !
Wäu mit Kastanien und klane Ast´ln
tuans´ allerweil am liabsten basteln.

Am schönsten is´ beim warmen Tisch,
weil draußen is´ schon ziemlich frisch.
Der Wind blast eine in die Blatt´ln,
und ganz begeistert san die Mad´ln
und die Buam
vom Drachensteig´n bei so an Sturm !

Zwa Arten von Sturm san uns bekannt :
Der ane blast zornig die Luft über´s Land,
den anderen lagern im Keller wir ein,
der is uns lieber, aus eahm wird der Wein !

Herbst, a Diplomat bist du,
muaß ma schon sag´n,
du schaffst es, daß sich zwa vertrag´n,
die von Natur aus Spinnefeind,
hast beide in dein´ Herz vereint :
Summa und Winter, von jedem a Stück´l,
Herbst, ohne di, da gebats an Wick´l !

Frisch und erholt aus dem Urlaub zurückgekehrt,
beginnt aber auch für viele Erwachsene die Zeit,
in der gesellschaftliche Verpflichtungen verstärkt
wahrgenommen werden:

ABENDTOILETTE

Ist eine Dame abends eingeladen,
tut sie sich erstens einmal baden.
Danach, die Zeit is eh schon knapp,
nimmt sie sich die Wickler ab !

Ihr Teint hat einen roten Schimmer,
d´rum geht sie rasch hinein ins Zimmer
und setzt sich vor´n Spiegel, ganz bequem
und tragt sich auf a Faltencrem !

Dann wird´n die Nägel maniküert,
die Wimpern ´zupft, das Haar frisiert.
Sie greift genervt nach dem Korsett,
nur glengts´ net hin, es liegt am Bett.

Das blaue, oder ´s grüne Kladl ?
Auf amoi greift sie in a Ladl,
nimmt ausse an Flacon
und sprüht herum bis am Plafon.
Damit s´ guat riacht nimmt s´ prinzipiell
Nur Nr.5 – das von Chanel !

„Sag, Schatzi, wo is mein Kollier ?
Bist lieb, und bringst mir meinen Tee,
damit mein G´sicht ich baden kann,
man sicht mir sunst mei Alter an !

Die Strümpf´ ! – wos san denn des für a ?
Die san mir doch a Nummer z´ kla !
I waaß net, is es nur die Oberweite,
oder geh ich wirklich in die Breite ?

Kaa Nagellack ! I werd´ verruckt !
Die Blus´n is total verdruckt !
Sag, paßt der Lippenstift dazua ?
Verflixt, wo is denn bloß mei Uhr ?

Um Gottes Will´n, de Schuach san z´nieder,
mit denen wirk ich vü zu bieder ! –
Ich nehm´ an ander´n Lippenstift –
weil heut´ mach ich auf „Blondes Gift"
mit Kußmund – weil das paßt zu mir –
jetzt sog doch a wos ! – gfall i dir ?"

Im Hintergrund der Göttergatte,
im harten Kampf mit der Krawatte:
„Du sichst doch, daß in meinen Frack
ich mühevoll mich eineplag´,
dann willst noch Komplimente hör´n,
gib ma a Ruah und tua net stör´n !"

Durch diese Worte so ergrimmt,
daß sie voll Zurn a Scher´ sich nimmt
und eahm zerschneid´t sein ganzes G´wand:
„Dann eß´ ma hoit beim Würstelstand !"

Diejenigen, die dem Herbst immer mit gemischten Gefühlen entgegensehen, sind die Schüler, für die wieder der Ernst des Lebens beginnt:

PAUSENGESPRÄCH

„Hearst, Franzi, sog, wos hoit´st davo,
wann wir den Lehrer einsperr´n auf´m Klo ?"-
„Geh bitte, Karli, des is fad.
Schmier´ ma eahm lieber an Schoklad´
au´m Sessel, des gibt a Theater,
den Tipp hob i von mein´ Vater !"

„Sag, zählt des schon zu die Verbrechen,
wann wir eahm die Raf´n stechen?"-
„Des waaß i net, doch sagt mei G´fühl,
das wär´ des Guten doch zu vü."-
„Na guat, dann spann´ma eahm a Schnür´l
und wann er einekummt beim Türl,
dann liegt er da als wie ein Sack,
das nennt man dann an „Fritzelack" !"-

„Jo, leiwaund, Franz, des wird a Hit -
hast´ eh a langes Schnür´l mit ?"-
„Na, Karli, hob i kan´s,
hob nur a Band´l, ganz a klan´s."-
„Jetzt hob i´s, die Idee -
des is der Überdrüber - Schmäh:

Wir könnt´n a paar Mäus´ auslassen,
dann rennen alle auf die Gass´n.
Nur miass´ ma schau´n, daß´ kana sicht,
und aus is´ mit´n Unterricht !"-

„Na, Franzi, des mochst ganz allanig,
wäu des führt zu aner Panik;
und wanns´ uns vielleicht doch erwischen,
könnt´uns der Lehrer ane zischen !

Nana, ich meide die Gefahr.
I hab´s ja g´sehn im letzten Jahr.
Ois, was i g´macht hab, war verboten,
entsprechend die Betragensnoten !"-

„Hast eh recht, Karli, glei wird´s läuten,
tua ma uns lieber vorbereiten.
I hab´ mei Aufgab´no net g´schrieb´n,
weil mir is heut´ ka Zeit no blieb´n !"

Das war das Ende der Debatte,
denn in der nächsten Stund´ war Mathe !

Auf so manchem Fest kann es geschehen,
daß einem eine Persönlichkeit des öffentlichen
Lebens über den Weg läuft.
Man dreht sich neugierig um und riskiert einen
neidvollen Blick auf den oder die „Sowieso":

PROMINENZ

Wenn einst die ganze Welt dich kennt,
kannst´ sagen, du bist prominent.
Hot a dein G´sicht schon tausend Falten,
du drängst dich in die Zeitungsspalten.
Es tuat dir scheinbar guat, zu wissen:
am nächsten Tag wirst du verrissen !

Doch es badet im Applaus
sich nicht nur manches Königshaus,
auch Männer Gottes drängen ins Rampenlicht,
wie man an manchem Bischof sicht.
Der aus St.Pölten – sie wissen eh – der Dicke,
is manchmal in die „Seitenblicke",
und auch Politiker san nie gefeit
vor der Neugierde der Leut´!

Guat, sicherlich is es recht schee
als Obmann von der "VIP":
für jedes Match kriagst´ gratis Karten,
brauchst in kana Schlangen warten,
und gehst du essen, kann´s leicht sein,
der Wirt ladet dich dazu ein;
denn bist dem Chef du ein Begriff,
feierst du zum Nulltarif !

Doch stell dir vor, du gehst zum Wirten
und willst mit einem Mauserl flirten !
Hast auch a Auto mit Chauffeur, -
hast trotzdem Angst, es kennt dich wer,
und es denken sich die Paparazzi, -
das gibt a Story – den verhaaz i !

Drum denk´ ich, glaube ich mit Recht,
daß i net prominent sein möcht´.
I sitz´ vor euch, das macht mich froh,
doch bitte – nur inkognito!

Doch auch weniger glanzvolle Anlässe im Kreise der Familie werden gerne auf den Herbst verlegt, da zu dieser Jahreszeit die meisten Familienmitglieder in der Stadt sind und gemeinsam liebevoll an der Gestaltung eines Festes mitwirken können:

FAMILIENRAT

Geburtstage, und solche Soch´n,
werd´n beim Familienrat besproch´n.
Kaum sitzt ma gmüatlich beieinand,
is schon die erste Frag´ zur Hand :

Was soll´n wir denn dem Opa schenken ?
Des fangt schon an bei den Getränken,
und setzt sich fort bis zu der Torten -
vü kann er heuer net erwarten !

Wißts was ?
Vielleicht schenk´ ma eahm aus Süber
einen Ring, was bleibt uns über ?
Da brauch´ ma uns a net verstecken,
er kann das Preisschild ruhig entdecken !

Die Mama denkt sich, für den Schwager
hab´ ich nix passendes auf Lager.
Ja, bestenfalls a gold´ne Ketten.
A wanns´ net echt is, ´trau mi wetten,
er gibt mirs´ sicherlich net z´ruck,-
der hat ka Ahnung von an Schmuck !

Der Papa hat die größten Sorgen.
Er miaßat sich a Göd ausborgen,
um Mamas Wünsche zu erfüll´n.
Und so denkt er sich im Still´n :
Wir san doch eh schon lang a Paar –
den Pelz kauf´ i ihr nächstes Jahr !

Normal is´s Töchterl recht gehorsam,
doch bei Geschenken is sie sparsam.
Hats´ kriagt zu Ostern von den Tanten
aus rosa Plüsch an Elefanten.

Mit Siebzehn is´ dafür schon z´oid,
drum schenkt sie eahm der Oma hoit
zu deren Wiegenfest,
weil so sich etwas sparen läßt !

Und zum Geburtstag von der Tante, -
eigentlich is´ gar ka Verwandte, -
beweist der Neffe Sparsamkeit,
und glaubt, daß sie sich trotzdem freut,
über einen neich´n Fön –
der kost´ net vü und macht sie schön !

Beim Tisch da sitzen a zwa Kinder
und beraten sich nicht minder,
was sie der Mama schenken soll´n,
sie soll ja net in Ohnmacht fall´n –
wie letztes Jahr - da hams´ bastelt ihr
aus Stroh an Wurm,
an dem war´ fast der Kater g´sturb´n !

Der klane Bruada schenkt sein Schwesterl
a söbag´machtes Vogelnesterl –
mit zehn Karachos drin versteckt –
damit sie sich a urndlich schreckt !

So ist es bei den Großen, die gern knausern,
genau, wie bei den kleinen Lausern,
die ab und zu zur Bosheit neigen :
sie tun sich schwer, a G´fühl zu zeigen !

Wenn es auch dem einen oder anderen an Sensibilität mangelt, so kann ich zumindest bei meiner Wenigkeit kein Defizit dieser Art feststellen:

SENSIBEL

Schau´ ich am Abend manchmal fern
und spülns´ was traurig´s,
muaß i reahrn.
Is wo a Anlass, recht a großer,
schiaßt mir sofort in d´ Aug´n des Wossa,
wann i die Bundeshymne hear, -
a Ton genügt scho, und i reahr !

Sogar beim Begräbnis
von wem vollkommen Fremden
san völlig durchnäßt
meine seidenen Hemden
und a der Anzug aus Mohair
is wasch´lnaß, wäu i so reahr !

Mei Frau hat entbunden,
des Kind hat scho ´plärrt,
am Gang hams mi g´funden,
sogar dort hab i g´reahrt !

Zwa Freund´ ham sich denkt,
wenn man mir etwas schenkt,
dann lach´ i sicher voller Freude,
nur sag i im Voraus,
´täuscht ham sich beide:

I waß zwar nimmer, wos des woar,
i glaub, a Saft´l für die Hoar,
auf jeden Fall nimm i´s in d´Händ´
eahna rührendes Präsent
und wie i aufmach´ das Packerl, sche langsam,
wie´s g´heart,
wos soll i euch sog´n,
voller Freud´ hob i g´reahrt !

I bin halt sensibel, nur
glaubt mir des kana,
was für d´andern normal is,
bringt mi halt zum wana !

Ein besonderer Anlass, bei dem jeder seine Empfindsamkeit unter Beweis stellen kann, ist Allerheiligen, das Fest der Toten.
Bei so manchem teuren Verblichenen mag der Partezettel vielleicht so ausgesehen haben:

PARTEZETTEL I.

Nach langem, schwerem Leiden
war er der erste von uns beiden,
der das Zeitliche gesegnet.
Wir grab´n eahm ein, a wenn es regnet,
am Ottakringer Friedhof, Reihe neun,
wann alle kumman, tat´s mich freu´n !

Ein wahrer Freund, ein treuer Gatte,
der net den klansten Fehler hatte,
er ging von uns, diesmal für immer,
an so a´n Vatern kriag´n ma nimmer !

Als Onkel, als Bruder, als Neffe und Schwager
war stets er bereit und nie ein Versager.
In tiefer Trauer lassen wir dich fort
an jenen unbekannten Ort,
der „Himmel" haaßt, ins Paradies;
dort g´hörst du hin, sovü is g´wiß !

Und wann ich dir einst folgen muß,
dann denk an meinen lieben Gruß,
der dich begleiten soll bis über´s Grab, -
du gehst uns allen furchtbar ab !

Wann ich dann bei dir bin,
wird's wieder wie früher,
ich vermiß´ dich schon jetzt,
deine Witwe Maria !

...obwohl die folgende Version der Wahrheit möglicherweise weit näher gekommen wäre:

PARTEZETTEL II.

Nach langem, schwerem Leiden
war er der erste von uns beiden,
der in die Kist´n hupft, und des beizeiten.
I laß´ für eahm die Glock´n leit´n
am Ottakringer Friedhof uma Neune,
nur Blumenspenden, bitte keine !

Wäu schod waa um´s Göd für so an Falotten.
Den Kindern hat er jeglichen Umgang verboten,
und mi hat er g´haut wie an Tanzbär´n, des Gfrast.
Er is kumman und gangan,
grad so, wie´s eahm paßt.

Beim Dibbeln verspült
hat er all´s, bis auf d´Socken,
überall war er tüchtig, nur nie bei der Hock´n !
Die ganze Verwandtschaft war haaß auf den Mann,
was i ehrlich gesagt, nur bestätigen kann.

Dem Himmel sei Dank, vorbei is des Tschoch.
I hoff´, du bleibst ewig da drin in dem Loch,
und quälst uns nie mehr auf die Art, so wie früher;
mei Leb´n fangt jetzt an, deine Witwe Maria !

Und wen wundert es da, wenn oft längst
zum Himmel oder sonstwohin gefahrene
Urahnen zu mitternächtlicher Stunde im
Haus ihr Unwesen treiben:

GEISTERSTUND

Im ganzen Haus da geht es rund
um Mitternacht, zur Geisterstund´.
Wann friedlich schlafen alle Leut´,
werd´n Dinge wach, wann´s Zwölfe läut´!
Da gibt's a rumpeln und a krachen,
a quietschen und a lachen,
die ganze Welt dreht sich verkehrt,
nur is´ a Glück, daß kana heart!

Den größten Lärm macht das Besteck,
wäu, ramt´s die Hausfrau net glei weg,
dann tanzt es ausgelassen
im Winkerl auf der Abtropftassen.
Die Glasl´n fangen an zu springen,
die Brotmaschin´ kann plötzlich singen,
der Luster blinkt dazua im Takt,
als kriagat er an Herzinfarkt.
A Gaudi is´ halt, es geht rund
um Mitternacht, zur Geisterstund´!

Im Gegensatz zu dieser Fülle
herrscht nebenan fast Grabesstille.
Des schene G´schirr in der Vitrine
verziagt zur Geisterstund´ ka Miene,
die Biachln im Regal daneben -
in denen is heut´ a ka Leben.
Sogar der Blumenstock zwischen die Fenster
g´hört heute Nacht net zu die G´spenster.

Der Grund für die Enthaltsamkeit :
Der Herr des Hauses is net weit !
Er schnarcht vor´m Fernseher so laut,
daß sich kein Geist mehr geistern traut !

WINTER

Winter, wos is an dir sche ?
Ma kann net amoi auf d´Stross´n geh,
ohne Gefahr zu laufen,
zu kollidier´n mit einem Haufen
Schnee vermischt mit Dreck,
wie ma´s hoit sicht an jedem Eck.

Des Autofahr´n wird a erschwert,
wann niemand deine Ausfahrt kehrt;
und wann i auf die Brems´n hatsch´,
kann i net steh´bleib´n, wengan Gatsch !

Winter, wos is an dir sche ?

Die Aussicht auf fünf Monat haz´n
kann mi a net wirklich raz´n,
wäu schmilzt im Frühjahr dann der Schnee,
hob i a Loch im Portemonnaie !

Aubampft bist es wia,
im Schnee wat´st bis zu d´ Knia,
kannst di net richtig frei bewegen, -
i sich den Winter net als Segen.

Die Gschropp´n san do aus an ander´n Holz.
Wanns noch so schneibt, den Kindern gfoit´s !
Am schönsten is a Schneeballschlacht,
an Schneemann bau´n, der lustig lacht.
Reißens´ beim Rodeln a an Stern,
die Kinder ham den Winter gern !

Wann Weihnachten im Summa war´,
dann war´ des Christkindl alla.
Do gab´s kan Christbam, des war´ schod´,
wäu olle Kinder war´n im Bod !

Kan Nikolo, kan Krampus,
für uns Silvester ohne Schampus !
Na, na, daß is, wie´s is, des is scho richtig,
der Winter is für alle wichtig,
und daß i lachen kann, obwohl i frier,
waßt, Winter, des is sche an dir !

Kälte, Schnee und Wind sind es, die der Winter für uns bereit hält.

Für alle, die bisher gesund geblieben sind die letzte Chance, sich einen gehörigen Schnupfen oder gar eine gröbere Erkältung zuzulegen,

und bei dieser Gelegenheit den unverwechselbaren Charme und die heimelige Atmosphäre einer Arztpraxis auszukosten:

ARZTBESUCH

Leut´, die wie wir schon älter san,
die wissen, warum Ärzte Götter san.
Ein wöchentlicher Arztbesuch is Pflicht –
wie man an meinem Beispül sicht !

Erst gestern war i – wengan Knie,
des muaß ma schon, ma waß ja nie.
Bei der Gelegenheit wollt´ i a fragen,
wie das jetzt is mit meinem Magen –
ob i Diät noch essen soll,
des Glumpert schmeckt so grauenvoll !

Wie i da sitz´ im Wartezimmer –
´s is g´rammelt voll, wie immer,
schau´ eine Dame ich mir an,
die da sitzt neb´n ihrem Mann.

I schau genau, kann nix entdecken –
wos für a Krankheit kann in denen stecken ?
Bei mir versteh ich´s, bitte sehr,
i kumm ja net zum Spaß da her,
oba bei denen, tät i sagen,
muaß sich der Doktor net vü plagen !

Am Nebensitz a junger Herr –
wann´s mi fragt´s, gheart der zum Friseur –
und net zum Doktor, Zeit vergeuden,
wäu hätt der nämlich meine Leiden,
dann schauert er ganz anders drein.

Die Tür geht auf, a junge Frau kommt rein,
an ihrer Hand a klanes Mäderl
mit an´ Verband auf ihrem Schäderl.
Na guat, bei denen sich i´s ein, daß do san,
a Kind kriagt schließlich net nur Mosan.

Doch wann i dort in d´ Eck´n schau,
da sitzt a klane oide Frau –
zwar hat sie an Stecken, na und ?
Wanns mi fragts, is die pumperlg´sund !

A Jessas, i derf net vergessen,
den Doktor frag´n, weg´n die Adressen
von einem guten Orthopäden –
wäu i geh net zu an jeden –
und von einem Urologen,
den tät i a ganz gern was frag´n !

Die Warterei heut hearst, des zaht si –
der Bursch da drüb´n is a a Bazi.
Der tragt doch nur einen Verband,
wäus eahm guat gfoit im Krankenstand !

Die Welt besteht halt nur aus Simulanten.
Wie kann man einen anerkannten
Arzt so hinters Licht nur führen,
während die echten Kranken fast krepieren ?

Wui, is mir schwindlich, wia i schwitz !
Is a ka Wunder, bei der Hitz.
Au weh ! I g´spür an Stich –
I glaub´, mein Herz, das meldet sich !

Wann i net bald drankomm´, meiner Sööh, -
dann muaß i morg´n halt wieder geh.
Doch morg´n, da komm´ i sicher früher,
noch vor die ganzen Tachinierer,
damit i s´ gar net sich, die Packlraß.
Mein Gott, wia i Hypochonder haß´ !

Die Ärzte leisten heutzutage schier übermenschliches;und trotzdem kann nicht jedem geholfen werden.
Oft kommt es zu ergreifenden Geständnissen angesichts des nahenden Todes:

STERBEBETT

Am Sterbebett von einem Greis
sitzt seine Frau und is ganz weiß.
Sie wü eahm geb´n sei Medizin
und greift zum Nachttischlad´l hin;
macht´s auf und suacht des Flasch´l,
dabei entdeckts´ a klanes Taschl;
und neugierig wies´ is, schauts´ eine,
kann´s net pock´n :
im Taschl drin san zwanzig Flocken !

Und dann schauts´ noch genauer hin
und find´t a no zwa Eier drin.
In den Sterbenden daneben
kommt auf amoi wieder Leben :
„Du guate Söö, mir fallt´s net leicht,
daß i dir jetzt alles beicht´.
Für jedes Fremdgeh´n,
ich schwör´s bei mein´ Leb´n,
hob i jed´smal ins Taschl a Ei einegeb´n !"

Doch die Witwe in spe
find´t des eigentlich schee,
denn in dreißig Jahr´ Ehe,
kann ma sag´n, was ma wü,
is zwamoi nur fremdgeh´n
jo wirklich net vü.

Voll Dankbarkeit hoit sie sei Hand –
er is scho ziemlich wech beinand :
„Nur ans no, mein geliebter Bär –
des Göd do drin, wo hast das her ?"
„Des Göd in den Taschl ," –
der Sterbende schnauft,
„Wanns voll war mit Eier,
hab´ i alle verkauft !"

Wem die Stimmung zuletzt etwas zu morbid geworden ist, der kann jetzt getrost aufatmen: Der Winter beschert uns ja das schönste Fest des Jahres, und in dessen Vorhut befinden sich zwei gute Bekannte:

KRAMPUS UND NIKOLO

Der Nikolaus, daneb´n der Kramperl,
die sitzen beinand und trinken a Stamperl.
Die zwa hab´n sich schon lang net ´troffen
und noch vü länger hab´ns´ nix g´soffen.
Drum plauschens´ schon seit a paar Stunden
und zähl´n die Zeit nur noch nach Runden !

„Waaßt, Nikolo, früher war´s schena,
wir hab´n Respekt erwarten kenna;
da hat´s g´haaß´n, geht's net im Guat´n,
dann kummt der Krampus mit der Ruat´n !
Tats brav die Schuach ins Fenster stell´n,
der Nikolaus kummt mit sein´ Gsell´n !" -

„Nur, heute gibt's des nimmer, muaß i sag´n,
am Bart hams´ mich sogar schon zog´n
und sogar g´lacht hams amoi scho."-
fast want der arme Nikolo,
und so ertränkt er seinen Zurn, -
„Wir werd´n halt alt, was soll´ ma tuan !"

Voll Kummer schenkt der Krampus nach,
als hätt´ die Flasch´n unt´ a Loch.
Noch röter als sei rot´s Sakko
is d´ Nas´n heut vom Nikolo;
und a der Krampus is net mehr ganz frisch,
er schlaft schon hoibert ein am Tisch.

Auf amoi läut´ das Telefon, -
a Vater is´, und sagt: „Mein Sohn,
der wart´ seit Stunden schon ganz bang,
drum ruaf i jetzt an, sagts,
wo bleibts denn so lang ?"-
„Wir kommen sofort."- sagt der Nikolaus,
„Nur a Bissl Geduld, wir trinken noch aus !"

Den Kopf schütteln beide –
„Daß´ sowas noch gibt,
wir san bei den Kindern ja doch noch beliebt.
Wir hack´ln im Jahr nur an anzigen Tog,
san beide der Meinung,
daß uns kana mehr mog,
dann ruaft ana an, der uns einlad´n tät,
und ausg´rechnet dann
kumman wir Deppen zu spät !"

Na ja, Pünktlichkeit ist eben nicht jedermanns Sache. Aber wenn die beiden Herrschaften einmal ihre Aufwartung gemacht haben, dann ist es nicht mehr weit bis Weihnachten !

Weihnachten – das Fest der sperrangelweit geöffneten Brieftaschen – pardon, Herzen natürlich, ein Zustand, von dem manchmal auch Zeitgenossen(innen) profitieren, die ansonsten nicht auf die Butterseite des Lebens gefallen sind:

DIE STROTTERIN

Zu jeder Jahreszeit, a wann´s scho koid is,
da geht a Frau, die schon recht oid is,
in meiner Gass´n Kübeln strutt´n.
All´s, was sie anhat, is a Kutt´n
und a Tüachl auf, ganz voller Läus´-
i hab´ dafür zwar kan´ Beweis,
doch bin ich meiner Sache sicher,
wäu, wer sich kratzt, der hot a Viecher !

Mit Ruhe und geübtem Blick
betrachtet sie ein jedes Stück,
den ganzen Krempel und den Plunder,
sie sicht in jedem Trumm a Wunder !
Mit Ehrfurcht sammelts´ Speisereste,
die was wir weghau´n - oft das Beste.
Für sie da steigt die Lebensqualität,
wann wer mit´n Mist nach draußen geht !

I habs´ noch nie angred´t,
wann i ehrlich bin,
mi treibt zwar die Neugier,
doch i trau mi net hin !

Hat das Weib vielleicht Kinder,
die was sie net woll´n,
oder hat sie an Mann g´habt,
der im Kriag war, und gfall´n?

Doch des warat ka Grund,
solche Sachen soll´s geb´n,
is man psychisch gesund,
wird man fertig mit´n Leb´n !

I mechat gern wissen, wie sie das macht, -
ob sie im Freien übernacht´?
Bei dera Köt´n wär´ normal
zumindest a Mantel und a Schal.
Sie tuat mir lad, des gib i zua,
i möcht´ ihr was geb´n,
schließlich hab i ja gnua.

Wie soll ma da helf´n,
was hätt´ da an Sinn?
Mi treibt zwar das Mitleid,
doch i trau mi net hin !

Nach langem hin und her
mach i a Packerl – mittelschwer -
tua eine Handschuach und was z´ Essen,
hab a a Briaferl net vergessen
mit „Frohe Weihnacht – Guat´s neich´s Joahr"
und stell ihr´s hin neb´n´s Eingangstor.

Und wie i´s kommen sich um d´Ecken
tuat mi a Lastwag´n guat verdecken;
von dort aus sich i ganz genau,
was sie jetzt macht, die alte Frau.

Sie sicht des Packerl, Gott sei Dank, -
sie wirkt ma heut a bisserl krank,
sie macht es auf, ramt´s vorsichtig aus,
dann setzt sie sich nieder, miad schaut sie aus.

Und wies´ mit Geduld in dem Packerl so stiert,
auf amoi da sich i, wies´ a Träne verliert.
Des Wasser, des rinnt iht bis obe aufs Kinn,
i möcht´ ihr was sag´n, nur i trau mi net hin !

So goschert i sunst bin,
jetzt föht mir der Schmäh,
i fühl´ mich ganz offen
wia a riesiges Weh!

Geschätzte(r) Leser(in) !

Nicht nur das Jahr, auch dieses Büchlein
neigt sich dem Ende zu. Der Kreis schließt
sich und Sie können, wenn Sie wollen,
wieder auf Seite 1 beginnen, den „Frühling"
zu lesen. Nun gut, auch wenn Ihnen meine
kleine Gedichtesammlung gefallen hat, gehe
ich nicht davon aus, daß Sie so tief sinken
werden.
Dem nicht gar so begeisterten Publikum
gebe ich mein Versprechen, das nächste
Buch wird besser !
Für Literaturexperten möchte ich diese
Prophezeiung noch etwas ausweiten:
Das nächste Buch wird n o c h besser !
Sei es, wie es sei, ein Poet verabschiedet
sich nicht in Prosa sondern in Reim und
Vers, und das mit vielem Dank:

ABSCHIED

Abschied – des is so a Wort,
wann des wer sagt, dann geht er fort.
Und meistens is´ die beste Zeit,
wo mitten drin a Wecker läut´, -
a innere Uhr,
die sagt, es is gnua !

Laß´ so, wie´s is
und ziag ka bled´s Gfriß -
wer waß, für was´ guat is,
daß ma bald furt is.

Je schöner die Zeit,
umso trauriger san d´ Leut´,
je klasser die Partie,
umso trauriger bin i !

Abschied – des is so a Wort,
da rennat i am liabsten fort,
soweit mi meine Fiaß nur tragen,
und i derspoarat mir „lebwohl" zu sagen.
Tät nur an Zettel schreiben, auf dem steht:
„I bin scho fort, vergeßts mi net !"